Che

bienvenue dans le monde de

Geronimo Stilton

L'Écho du rongeur
Rédaction

Texte de Geronimo Stilton.
*Basé sur une idée originale d'*Elisabetta Dami.
*Collaboration éditoriale d'*Adriana Sirena.
Illustrations de Lorenzo Chiavini.
Graphisme de Beatrice Sciascia.
Traduction de Titi Plumederat.

www.geronimostilton.com

Pour l'édition originale :
© 2003, Edizioni Piemme S.p.A. – Corso Como, 15 – 20154 Milan, Italie
sous le titre *Lo strano caso della torre pagliaccia*
International rights © Atlantyca S.p.A. – Via Leopardi, 8 – 20123 Milan, Italie
www.atlantyca.com – contact : foreignrights@atlantyca.it
Pour l'édition française :
© 2012, Albin Michel Jeunesse – 22, rue Huyghens, 75014 Paris
www.albin-michel.fr
Loi 49-956 du 16 juillet 1949 sur les publications destinées à la jeunesse
Dépôt légal : second semestre 2012
Numéro d'édition : 19349/2
ISBN-13 : 978 2 226 24034 7
Imprimé en France par Pollina S.A. en novembre 2012 - L62881

Geronimo Stilton

PIÈGE AU PARC DES MYSTÈRES

ALBIN MICHEL JEUNESSE

On était à quelques jours de Halloween...

C'était une sombre soirée d'octobre. Dans les rues de Sourisia, la ville des Souris, s'engouffrait un vent furieux...
qui essayait d'arracher leur parapluie aux passants.

Brrr, quel froid!

Je me dirigeais vers le centre-ville parce que...
Oh, excusez-moi, je ne me suis pas présenté: mon nom est Stilton, *Geronimo Stilton*!

ON ÉTAIT À QUELQUES JOURS DE HALLOWEEN...

Je disais donc que je me dirigeais vers le centre-ville parce que j'avais rendez-vous avec mon neveu Benjamin.

Dès qu'il me vit, il se précipita dans mes bras.

– Salut, oncle Geronimo ! Je suis content de te voir !

Je déposai un bisou sur la pointe de ses moustaches.

– Salut, mon petit neveu adoré, *ma petite lichette d'emmental*, petit souriceau de mon cœur ! Moi aussi, je suis content de te voir !

Benjamin me chuchota à l'oreille :

– Tonton, je peux te demander une faveur ?

Je l'encourageai :

– Tout ce que tu veux !

Il murmura timidement :

– On est à quelques jours de HALLOWEEN. Est-ce que tu voudrais bien... euh, est-ce que tu voudrais bien m'aider à organiser une fête pour mes amis ?

Je l'embrassai affectueusement.

– Mais bien sûr, petit souriceau. Nous l'organiserons chez moi. Ce sera très amusant !

ON ÉTAIT À QUELQUES JOURS DE HALLOWEEN...

Nous nous dirigeâmes vers le magasin de farces et attrapes le mieux approvisionné de la ville.

Blagounette, blagounette, blagounette !

Nous entrâmes dans le magasin, dont le propriétaire, Batifol Beignet, nous accueillit en riant.

– Ho ho ho, tu aimes ma bague ?

Je m'approchai de la bague…

Je fus éclaboussé par un jet d'EAU.

Batifol est le rongeur le plus farceur de l'île. Il adore faire des blagues (surtout à moi), mais il est tellement sympathique que je ne me vexe jamais !

Nous admirâmes une **grosse** citrouille orange :

– Magnifique décoration pour Halloween !

Au rat farceur **1.** Gélatine dégoûtante avec asticots incorporés **2.** Fromage en plastique avec poing monté sur ressort **3.** Bombe de couleur fluorescente pour pelage **4.** Chauve-souris (avec yeux phosphorescents et hurlement incorporé) à suspendre au plafond **5.** Panoplie de fantôme **6.** Croque-mitaine **7.** Serpent en caoutchouc **8.** Citrouille de Halloween **9.** Boules puantes **10.** Grosse araignée poilue **11.** Tête de mort en carton-pâte **12.** Araignée aimantée **13.** Marteau en caoutchouc mousse **14.** Bague éclaboussante.

1
2
3
4
5
6
7
8
9
10
11
12
13
14

Je remarquai qu'une peau de banane était posée sur la citrouille. **Bizarre !**

Benjamin essaya plein de costumes pour sa fête : fantôme, **SPECTRE**, SQUELETTE.

Comme nous hésitions, nous décidâmes de revenir le lendemain.

Juste au moment où nous sortions, quelqu'un derrière moi me tira les moustaches.

– Blagoun*ette* !

Je me retournai, mais il n'y avait personne. **Bizarre !**

De nouveau, quelqu'un me tira les moustaches.

– Blagoun*ette*, blagoun*ette* !

Je regardai autour de moi. Toujours personne. **Bizarre !**

– Blagoun*ette*, blagoun*ette*, blagoun*ette* !

Mais décidément personne. **Bizarre !**

Une queue surgit derrière la citrouille. Puis le museau d'un rongeur.

– **COUCOU COUCOU COUCOU !**

Je fis un bond en arrière.

– Scouit ! Qui-qui va là ?

Je vis paraître une souris au pelage gris smog, les moustaches luisantes de brillantine.

– Stilton*itou*, tu as aimé la *'tite* blague ?

Je soupirai, résigné. Je l'avais reconnu.

C'était FARFOUIN SCOUIT !

– Stilton*itou*, j'aurais besoin d'un *'tit* coup de patte pour une affaire très MYSTÉRIEUSE en rapport avec HALLOWEEN…

– Je suis vraiment désolé, Farfouin, mais je n'ai pas le temps. J'ai promis à mon neveu de lui organiser une fête pour HALLOWEEN.

Je le saluai et partis.

Ça, c'est une affaire pour Scouit !

Le lendemain matin, je retournai à la boutique, mais je trouvai Batifol en larmes.

– Des voleurs ont dévalisé mon magasin ! Je suis une souris ruinéééééééée !

Je regardai autour de moi : les rayons étaient vides. Il n'y avait plus rien de rien : plus de farces, plus de décorations, plus de costumes...

C'est alors que le téléphone sonna.

Batifol se moucha :

– Prrrrrrrrrrr !!!

Puis il répondit :

– Allô ? Graillot Grailloux, c'est toi ? Tu sais que j'ai été cambriolé ? **quoiii ?** Toi aussi ? Toi aussi, on t'a tout pris ? Et il est arrivé la même chose à Lubin Lubie, à Tric Troc, à Zébédée Zézayant ? Mais alors... *tous les magasins de farces et attrapes de l'île des Souris ont été cambriolés cette nuit !*

Je réfléchis.

– Hummm, bizarre...

Je saluai Batifol et pris l'autobus pour aller faire les courses au centre commercial. Et c'est dans l'autobus que j'entendis, à la radio, les dernières infos :

« ... cambriolé cette nuit la grande usine de farces et attrapes **BADABOUM**, qui fournissait tous les magasins de l'île des Souris. »

De plus en plus ahuri, j'entrai dans le centre commercial.

Une nouvelle surprise m'y attendait : au rayon des fruits et légumes… il n'y avait plus une seule citrouille, quelqu'un les avait toutes volées durant la nuit !

Je rentrai chez moi et déposai mes courses dans la cuisine.

J'allumai la télévision.

« Dernière heure ! Toutes les citrouilles des magasins de fruits et légumes et des fermes de l'île des Souris ont été volées ! »

À l'écran, un paysan marmonna : « Si j'attrape celui qui m'a piqué ces belles citrouilles… J'avais promis à mon gamin la plus grosse pour la fête de Halloween… »

HALLOWEEN ?

Une clochette tinta dans ma *citrouille*, euh, je veux dire dans ma *tête*.
Les magasins de farces et attrapes…
L'usine de farces et attrapes…
Toutes les citrouilles de l'île…
N'y avait-il pas un point commun à tous ces vols étranges ?
Peut-être… *le voleur voulait-il empêcher que l'on fête* HALLOWEEN *!!!*

Qui ? Qui ? Qui ?
Quiiiiiiiiiiiiiiiiii ?

Mon ami Farfouin m'avait parlé d'un mystère en rapport avec Halloween… Ça, c'était une affaire pour Scouit, pour **FARFOUIN SCOUIT** !

GÉLATINE VERDÂTRE ET ASTICOTS BLANCS

Je me précipitai chez Farfouin Scouit, dans le quartier du port.

Son bureau se trouve dans une baraque branlante et pouilleuse coincée entre deux gratte-ciel. Je frappai à la porte…

Au même instant, je reçus sur la tête un seau rempli d'une répugnante GÉLATINE verdâtre, grouillant d'horribles asticots blancs !

Je hurlai :

– Au secouuuuuuuuuuuurs !

La porte s'ouvrit et Farfouin chicota, satisfait :

– Oh, c'est toi, Stilton*itou* ? Alors, mon *'tit* truc anti-espion te plaît ?

Hi, hi, hiii!

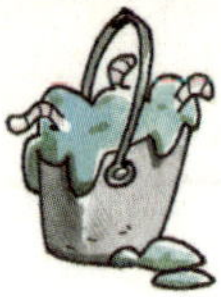

C'est alors seulement que je compris qu'il s'agissait d'une farce. Les asticots étaient en caoutchouc et la gélatine était synthétique ! Je protestai :

– Pour commencer, je te demande, s'il te plaît, de ne pas m'appeler Stilton*itou*, mon nom est Stilton, *Geronimo Stilton*.

Farfouin sourit sous ses moustaches.

… comment se fait-il que tu girouettes dans le coin, Stiltonitou ?

– Une *'tite* question pour toi, Stilton*itou* : comment se fait-il que tu *girouettes* dans le coin ? Tu as découvert qu'il y avait un mystère en rapport avec HALLOWEEN, hein ? Moi, ça fait un bon bout de temps que je l'avais *reniflut*é !

Je reconnus que je m'étais trompé.

– C'est toi qui avais raison, Farfouin. Mais, dis-moi, qu'allons-nous faire ? Par où commencer ?

Il me montra une valise près de la porte.

– Tu vois cette *’tite* valise ? Je vais faire un *’tit* voyage… J’ai des *’tits* soupçons et je voudrais faire une *’tite* vérification… Dès que j’aurai du neuf, je t’appellerai sur ton *’tit* téléphone.

– Attends, Farfouin, dis-moi encore…

Mais il était déjà loin.

OUVRE… SI TU EN AS LE COURAGE !

Le lendemain matin, 30 octobre, je trouvai dans ma boîte aux lettres une drôle d'enveloppe de couleur orange, avec une inscription mystérieuse : **OUVRE… SI TU EN AS LE COURAGE!**
Sur le timbre figurait une citrouille. L'enveloppe contenait une feuille avec une comptine bizarre… Elle contenait également une carte pour atteindre le Parc des mystères. Le Parc des mystères ? Hum,

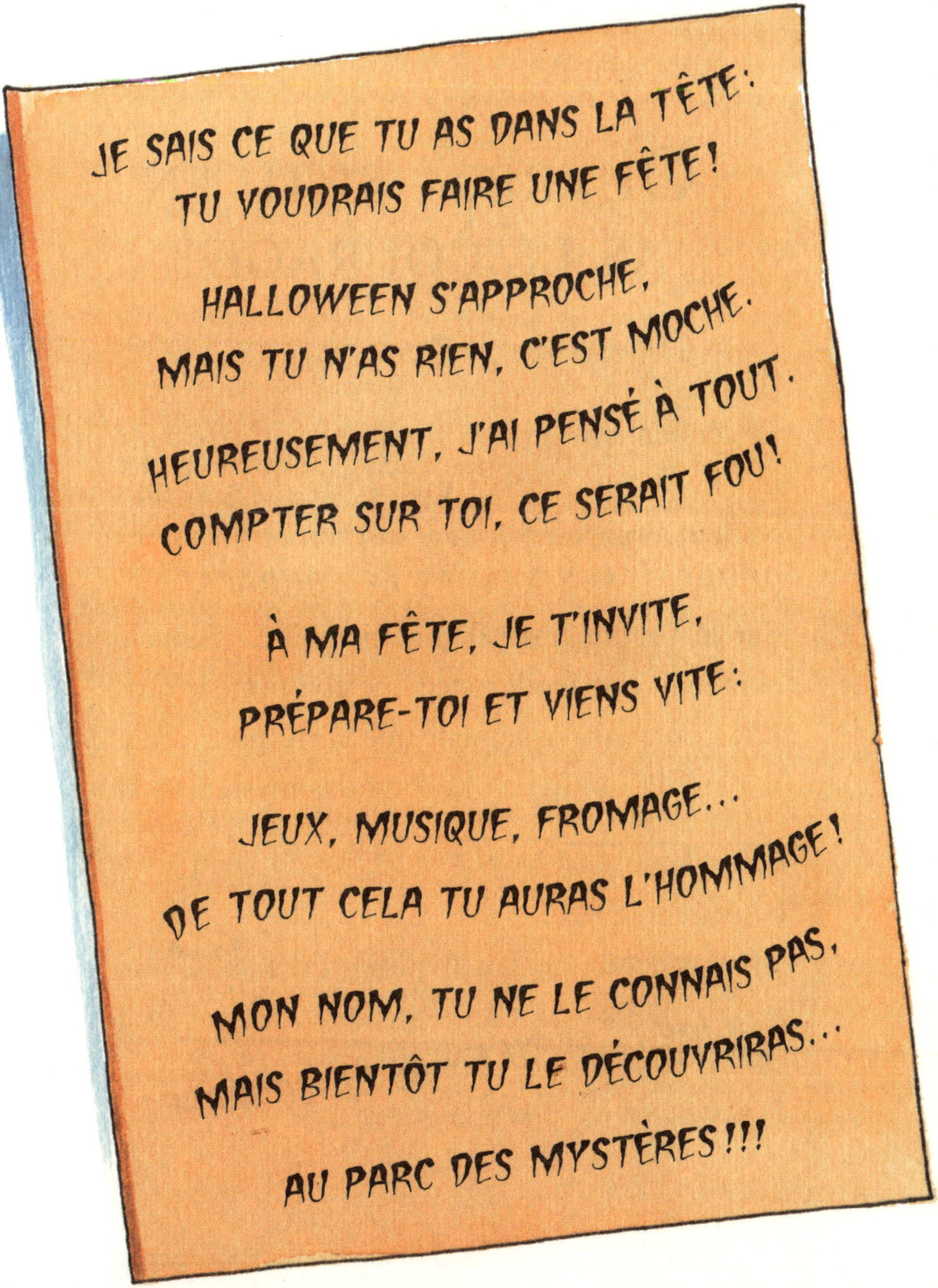
JE SAIS CE QUE TU AS DANS LA TÊTE:
TU VOUDRAIS FAIRE UNE FÊTE!

HALLOWEEN S'APPROCHE,
MAIS TU N'AS RIEN, C'EST MOCHE.
HEUREUSEMENT, J'AI PENSÉ À TOUT.
COMPTER SUR TOI, CE SERAIT FOU!

À MA FÊTE, JE T'INVITE,
PRÉPARE-TOI ET VIENS VITE:

JEUX, MUSIQUE, FROMAGE...
DE TOUT CELA TU AURAS L'HOMMAGE!

MON NOM, TU NE LE CONNAIS PAS,
MAIS BIENTÔT TU LE DÉCOUVRIRAS...

AU PARC DES MYSTÈRES!!!

X : Parc des mystères

je n'en avais jamais entendu parler…

Pendant que je réfléchissais arrivèrent mon cousin Traquenard, ma sœur Téa et mon neveu Benjamin, chacun brandissant des enveloppes de couleur orange.

– Geronimo, tu as reçu l'invitation, toi aussi ? Alors nous irons tous ensemble à cette mystérieuse fête de HALLOWEEN !

Je secouai la tête.

– Je n'accepte pas les invitations des inconnus. Et je ne suis pas du tout convaincu par cet étrange carton d'invitation, je trouve ça très louche…

Traquenard me pinça la queue.

– Allez, tout le monde va y aller, vraiment tout le monde, parce que cette année des farces, des costumes et des citrouilles, on n'en trouve nulle part. À propos, Geronimo, tu sais que *toi*, tu n'auras pas besoin de te déguiser ? Tu as déjà une tête de zombie, ou plutôt de MOMIE...

Je proposai :

– Venez tous chez moi pour Halloween. Tant pis si nous n'avons pas pu acheter de farces et de décorations, nous nous amuserons quand même !

Traquenard soupira.

– Geronimo, tu es vraiment un gars, *ou plutôt un rat*, à l'*ancienne*... Tu raffoles des vieilleries, mais bon, bouge-toi un peu, DÉMOMIFIE-toi ! Si ça se trouve, on va bien s'amuser au **PARC DES MYSTÈRES**. Musique, jeux et boustifaille !

Téa était déjà en train de téléphoner à toutes ses amies :
– Génial, on se voit demain soir au Parc des mystères !
Benjamin ne dit rien, mais je compris qu'il serait content d'y aller, lui aussi.
Alors je capitulai :
– C'est bon, c'est comme vous voulez. Je viendrai moi aussi à cette fête…

Je n'accepte pas les invitations des inconnus !

UN GRONDEMENT DE MOTEUR DANS LE LOINTAIN

Cette nuit-là, je dormis très mal : j'entendais comme un grondement de moteur dans le lointain…

Lorsque j'ouvris mes volets, le lendemain matin, j'écarquillai les yeux.

Au centre de la ville se dressait une tour gigantesque, haute de plus de cent étages, entièrement recouverte d'une toile couleur orange.

Je m'habillai et sortis en courant.

Au pied de la tour s'était rassemblée une foule qui observait le bâtiment, bouche bée.

– Comment cela a-t-il pu être construit en une seule nuit ? demanda, ahurie, la concierge du 8, rue du Faubourg-du-Rat.

– Et pourquoi est-ce recouvert de cette toile ? marmonna le facteur.

– J'ai entendu de drôles de bruits, cette nuit, dit le marchand de journaux.

– C'est peut-être une farce pour HALLOWEEN ? suggéra Souterrat Ténébrax, l'entrepreneur des pompes funèbres.

Ce n'est que plusieurs jours plus tard que je me rendis compte qu'il avait eu raison.

LE MYSTÉRIEUX PARC DES MYSTÈRES

Enfin, le soir du 31 octobre arriva : dans toute la ville résonna une musiquette obsédante…

« VENEZ TOUS AU PARC DES MYSTÈRES…
FRISSONS GARANTIS, C'EST SUPER…
SI VOUS AVEZ DU COURAGE…
ET VOULEZ BOUFFER DU FROMAGE ! »

Ma famille et moi nous dirigeâmes vers le Parc. Une foule de rongeurs nous avait emboîté le pas. Il y avait là pratiquement **TOUTE** la ville !

– *Scouit*, quelle chance d'avoir été invité…

– Je sens qu'on va bien s'amuser…

– Tu sens cette bonne odeur de fromage…

– J'en ai l'eau à la bouche...

Tout le monde était joyeux, et même très **joyeux**.

Pourquoi, pourquoi, pourquoi étais-je *seul* à éprouver un vague sentiment d'inquiétude ?

Je regardai autour de moi et ne vis pas Farfouin.

Savoir où il se trouvait...

Au moment où nous allions entrer dans le parc, mon téléphone sonna.

Je répondis :

– Allô ? ici, Stilton, *Geronimo Stilton* !

Je reconnus aussitôt la voix de Farfouin, mais la ligne était très mauvaise.

– *N'en... as... ans... arc... tères... reuuux !*

– Que dis-tu ? Je ne comprends pas !

– *... eureuuuux !*

Nous fûmes coupés. J'essayai de le rappeler, mais en vain. Cependant, la foule se pressait aux grilles d'entrée. Je remarquai que les murs étaient faits en biscuit et recouverts de chocolat fondant.

Pour une raison obscure, entrer ne me disait rien…

Traquenard cria :

– Allez, cousin, décide-toi, ne fais pas la MOMIE !

Téa m'appela :

– Geronimo ! Dépêche-toi !

J'avais un sombre **PRESSENTIMENT**, mais je ne voulais pas gâcher la fête.

Je poussai un soupir, rangeai mon téléphone dans ma poche et fis la queue au milieu d'une longue file de rongeurs.

J'entrai enfin dans le Parc des mystères.

Les grilles se refermèrent silencieusement derrière moi…

EH, TOI, MUSEAU DE MOMIE !

Chaque invité entrant dans le parc se voyait remettre un masque de clown très drôle, qu'il pouvait porter durant toute la fête.

Je remerciai et glissai dans ma poche mon masque et celui de Benjamin. *Pourquoi, pourquoi, pourquoi* continuai-je à éprouver un sombre PRESSENTIMENT ?

Des serviteurs habillés en clown nous offraient des tonnes de friandises : tout était gratuit ! Et que d'attractions !

Cependant, presque tout était frappé d'un étrange symbole : une tête de clown. Hummm, qu'est-ce que cela pouvait bien vouloir dire ? J'entendis quelqu'un crier :

PARC DES MYSTÈRES :

1. Château des spectres !
2. Montagnes de la terreur !
3. Place de l'illusion !
4. Lac des piranhas !
5. Gare clownesque !
6. Petit Train des clowns !
7. Pelouse de chiendent !
8. Haie d'orties !
9. Masques de clown !
10. Mur de biscuits et chocolat !
11. Ballons « Tête de clown » !
12. Forêt des plantes carnivores !
13. Parc des dinosaures !
14. Toilettes !
15. Autos tamponneuses !
16. Restaurant !
17. Bar !
18. Grand Rail de la peur !
19. Fleuve des crocodiles géants !
20. Grand Huit de la frousse !
21. Dirigeable clown !

1
2
3
4
5
6
7
8
AMUSEZ-VOUS !

21
20
18
19
15
14
13
16
12
11
17
PARC DES MYSTÈRES
TOUT EST GRATUIT !!!
9
10

– Eh, toi, museau de MOMIE !
C’était Traquenard, qui brandissait un super sandwich au triple fromage en se léchant les moustaches.
– Il y a des tonnes de bouffetance gratuite… offerte par un inconnu. *Ça semble impossible !*
Benjamin grignotait, tout heureux, des chips au fromage.
– Goûte, tonton, elles sont délicieuses ! C’est la plus belle fête de HALLOWEEN du monde !
Téa me fit un clin d’œil.

– Tu as vu, nous avions raison de vouloir venir ! Mais toi, tu es toujours aussi froussard…

– Comme d'habitude, la MOMIE ! s'exclama Traquenard, riant sous ses moustaches.

Je reconnus tous mes amis.

Il y avait même le maire. Et aussi Sally Rasmaussen, qui dirige *la Gazette du rat*, le journal concurrent de *l'Écho du rongeur*.

Tout paraissait normal, tout le monde semblait s'amuser… *pourquoi, pourquoi, pourquoi* y avait-il ce frisson qui courait le long de mon échine ?

Ne jamais accepter les invitations des inconnus…

Soudain, toutes les lumières s'éteignirent.

J'entendis un bruissement : les serviteurs disparurent à travers des trappes invisibles !

Une voix stridente, criarde, poussa un ricanement perfide :

– ÉTRANGERS, ÉTRANGÈRES…
BIENVENUE AU PARC DES MYSTÈRES !
GROS MALINS, VOUS ÊTES VENUS VOUS EMPIFFRER…
MAINTENANT, VOUS ÊTES MES PRISONNIERS !

Je compris que la voix provenait de haut-parleurs dissimulés un peu partout.

Je cherchai Traquenard et Téa et leur recommandai :

– Gardons notre calme !

Je serrai très fort la petite patte de Benjamin.

– N'aie pas peur, mon souriceau, ne t'éloigne pas de moi !

La voix reprit, insinuante :

– NE JAMAIS ACCEPTER LES INVITATIONS...
DES INCONNUS !
TANT PIS POUR VOUS...
PUISQUE VOUS ÊTES VENUS !

Puis elle conclut, triomphante :

– ET PENDANT QUE VOUS ÊTES ICI
ENFERMÉS À ATTENDRE...
MOI, JE VAIS POUVOIR CALMEMENT
VOUS DÉVALISER !

Tandis que la pleine lune projetait des ombres lugubres, de nombreux rongeurs tentèrent d'ouvrir les grilles du parc, mais en vain : elles étaient fermées par un énorme cadenas à combinaison. Pour l'ouvrir, il suffisait de composer un mot… mais lequel ?
D'autres rongeurs essayèrent d'escalader les murs, mais le chocolat dont ils étaient recouverts était glissant comme du beurre fondu. Tous s'écrièrent, épouvantés :

– Mais que se passe-t-il ?

– D'où vient cette voix ?

– Pourquoi les grilles ne s'ouvrent-elles pas ?

– Je veux rentrer chez moi !

Je montai sur un banc et essayai d'apaiser la foule :

– Du calme ! Pas de panique, c'est inutile ! Calmez-vous, calmez-vous !

J'avais compris que personne ne pourrait partir… tant que notre mystérieux hôte aurait décidé de nous en empêcher.

STILTON*ITOU*, ATTRAPE LE *'TIT* CROCHET !

C'est alors que j'entendis le vrombissement d'un hélicoptère qui nous survolait.

Je levai le museau… Dans la clarté de la pleine lune, j'aperçus un souriceau aux commandes d'un hélicoptère en forme de clown, qui criait quelque chose. Il agitait un objet jaune. Ça ressemblait… mais oui, c'était… c'était vraiment une banane !

J'essuyai mes verres de lunettes pour mieux voir. C'était lui, c'était bien lui, c'était Farfouin Scouit !

– Stilton*itou*, attrape le *'tit* crochet !

Un gros crochet d'acier vint se balancer devant mon museau, risquant de m'arracher une oreille. Je l'attrapai au vol, tout en criant à Benjamin :

– Ne t'inquiète pas, mon petit, aie confiance ! Je reviendrai te sauver !

Je m'agrippai de toutes mes forces au crochet, tandis que Farfouin me remontait.

Je fermai les yeux pour ne pas voir la terre qui s'éloignait : *brrrrr*, je suis sujet au vertige ! Le vent faisait se tortiller mes moustaches et j'avais tellement peur que mon cœur battait très fort.

Je suis un rongeur *intellectuel*, pas une souris **SPORTIVE** !

Lorsque j'ouvris les yeux, j'étais proche, très proche de l'hélicoptère. D'un bond, je sautai à l'intérieur. J'avais les genoux qui tremblaient de frousse...

Je balbutiai :

– M-mais tu sais piloter un hélicoptère ?

– Stilton*itou*, je sais tout piloter (ou presque tout) !

L'hélicoptère se cabra sauvagement puis tomba en piqué pendant plusieurs dizaines de mètres.

Heureusement, j'avais eu le temps d'attacher la ceinture de sécurité, sinon je me serais cogné la caboche au plafond. Je hurlai :

– Je t'en supplie, sois prudent. Je ne veux pas y laisser mon pelage, je suis encore jeune !

– Quoiii ? Je ne t'entends pas ! Mets le *'tit* casque et parle dans le *'tit* micro !

Je criai dans le micro :

– Sois prudeeeeeeeeeeeeeeeeeent !

Farfouin leva le pouce.

– Reçu cinq sur cinq, Stilton*itou* !

Puis il négocia un virage époustouflant qui m'entortilla les amygdales.

J'avais la tête qui tournait comme une toupie, mais j'essayai de raisonner.

– Nous devons sauver nos amis. Posons-nous et ouvrons le cadenas.

– Impossible : pour l'ouvrir, il faudrait connaître la combinaison, répondit Farfouin. Pour sauver nos amis, c'est lui qu'il faut trouver, Paillasse !

Je demandai :
– Paillasse ? Qui est-ce ? Et que s'est-il passé depuis la dernière fois que nous nous sommes vus ?
– Plein de *'tites* choses. J'ai découvert qu'un *'tit* fourbe était en train de *voler* des *'tits* costumes, des *'tites* farces, bref, tous les *'tits* machins pour les fêtes de HALLOWEEN. Ce *Fripo-noufle* se fait appeler PAILLASSE. Il a sous ses ordres toute une armée de *'tits* clowns qui portent toujours un masque. C'est Paillasse qui a construit le Parc des mystères et a invité les habitants de la ville à sa fête. Le *'tit* rusé savait que tout le monde viendrait, parce que per-

sonne ne trouverait ce qu'il fallait pour organiser d'autres fêtes ! Une fois que tout le monde est entré, il a fermé les grilles et... il a commencé à cambrioler toutes les maisons et tous les magasins de la ville.

Je repensai à l'appel de Farfouin : « *N'en... as... ans... arc... tères... reuuux !* »

Et je compris ce que cela signifiait : « *N'entre pas dans le Parc des mystères, c'est dangereuuux !* »

Farfouin ricana :

– Oh, à propos, je dois te raconter une *'tite* chose amusante : nous sommes dans le *'tit* hélico privé

de Paillasse. Il va être furieux quand il découvrira que je le lui ai piqué. Celui-là, c'est vraiment un *gugusse** ! Il enverra sûrement ses *'tits* clowns à notre poursuite !

Je me retournai et découvris un essaim d'hélicoptères volant à toute vitesse derrière nous.

Je hurlai, terrorisé :

– Ils sont *déjà* à notre poursuite !!!

**Gugusse* : type louche.

J'AI BIEN MÉRITÉ UN *'TIT* GOÛTER !

Pour semer nos poursuivants, Farfouin fit des acrobaties vertigineuses.

Moi, je suis malade en avion, et je devins **VERT COMME UN LÉZARD QUI A MAL AU VENTRE**.

– Je ne me sens pas très bien…

Farfouin ricana :

– Ton *'tit* estomac est un peu faible, non, Stiltonitou ? Maintenant que j'y pense, je me souviens que tu étais déjà comme ça à l'école…

Je fourrai mon museau dans un sac en papier.

Oh, ça allait vraiment mal !

J'ai le mal de mer,
le mal de l'air, je suis malade en voiture,
malade en train, etcetera, etcetera…

Farfouin, lui, pilotait joyeusement l'hélicoptère en beuglant :

– ÇA DÉCOIIIIIFFE!

J'avais beau avoir l'estomac retourné comme une chaussette, d'en haut, je vis que la ville était envahie par une armée de clowns qui pillaient les maisons, les magasins et les banques.

En effectuant d'incroyables acrobaties, Farfouin parvint à semer nos poursuivants.

Je poussai un soupir de soulagement :

– **Oufff...** on a réussi. Mais qu'est-ce que j'ai eu peur !

– Peur ? Allons donc. Je te le dirai, moi, quand tu devras avoir peur ! se moqua-t-il, en sortant une banane de sa poche. *Par mille bananettes*, je crois que j'ai bien mérité... un *'tit* goûter... *Miamiamiamiam !*

Il dévora la banane, puis jeta la peau derrière lui. Mais celle-ci alla se coincer juste sous la pédale des commandes.

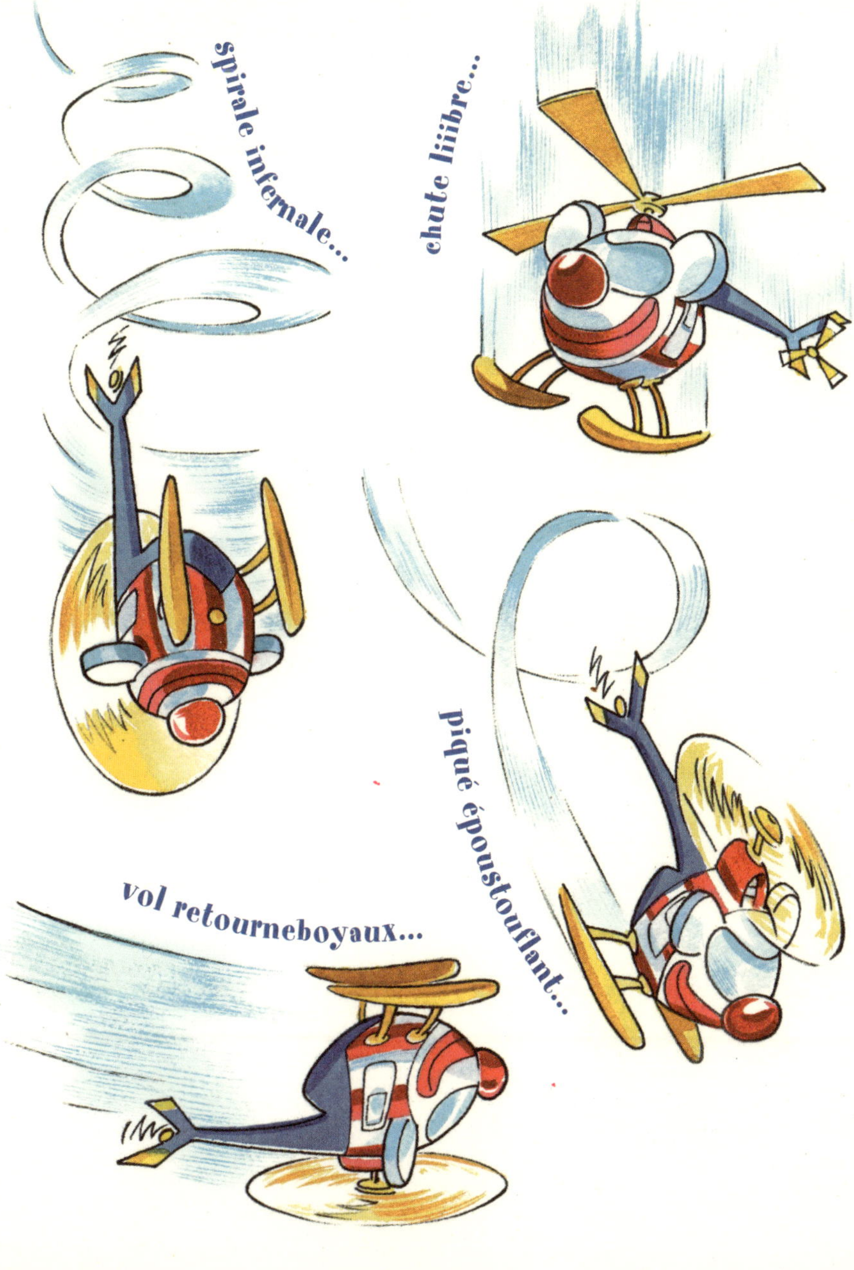
spirale infernale...
chute liiibre...
piqué époustouflant...
vol retourneboyaux...

Les commandes étaient bloquées !

Farfouin hurla :

– Stilton*itou*, c'est maintenant que tu dois avoir l'*autruchade** !

L'hélicoptère se mit à papillonner dans les airs. Je regardai par la fenêtre et vis la mer juste en dessous de nous.

Les vagues étaient de plus en plus proches ! Très proches !

SPLASHHH!

L'hélicoptère s'enfonça dans l'eau et commença à couler en gargouillant.

Bloub bloub bloub bloub bloub bloub bloub bloub bloub…

* *Autruchade* : peur.

C'EST ÇA, LE VRAI SENS DU MOT « AMITIÉ » !

Farfouin s'était évanoui !
J'essayai d'ouvrir la porte, mais la pression de l'eau à l'extérieur m'en empêchait. Je dus attendre que l'hélicoptère soit rempli d'eau pour l'ouvrir. J'attrapai Farfouin par la queue et me mis à nager désespérément vers la surface. L'eau était glaciale !
Et les profondeurs de la mer étaient NOIRES !
Mais, tout en haut, au-dessus de moi, la clarté de la lune faisait briller les vagues, comme une promesse de salut.

Je nageai, nageai, nageai. Je n'avais plus de force et j'avais l'impression que mes poumons allaient exploser.

Lesté par le poids de Farfouin, j'avais du mal à nager, mais j'étais résolu : je ne l'abandonnerais pas, même au prix de ma vie.

C'est ça, le vrai sens du mot « amitié » !

Je manquais d'oxygène et j'avais la tête qui tournait. Enfin, j'émergeai à la surface et pus respirer à pleins poumons.

Je maintins la tête de Farfouin bien droite, jusqu'à ce qu'il revienne à lui en recrachant de l'eau.

– Stilton*itou*… merci, je te dois la vie ! *Bisoubisoubisou !*

Je m'aperçus alors que des lumières sillonnaient la plage : c'étaient les clowns qui nous cherchaient !

DE LA PÂTÉE POUR LES POISSONS !

Au lieu de nous diriger vers la rive, nous nous cachâmes sous un ponton.

Hélas, un égout débouchait non loin de là et l'odeur était épouvantable.

Cramponnés aux poteaux de bois, nous entendîmes des pas résonner au-dessus de nos têtes.

Les clowns ricanèrent :

– L'hélicoptère est tombé, je l'ai vu !

– Oui, il est tombé dans la mer, SBADABAM !

– Les deux rongeurs qui étaient à bord doivent maintenant servir de **pâtée** aux poissons, hé, hé, hééé…

– Allons faire notre rapport au chef.

– Mais où est-il, le chef ?

LA TOUR DU CLOWN

– Au quartier général, la tour du clown. Il vient de faire enlever la toile qui recouvrait le bâtiment. Ça, notre chef, c'est vraiment un gros rigolo, *hi, hi, hi !*

Ils s'éloignèrent.

Farfouin me donna un coup de coude et je fis un signe de la tête. Oui, j'avais entendu.

Voilà ce qu'était le mystérieux gratte-ciel recouvert d'une toile : le repaire du bandit qui était en train de dévaliser notre ville !

Dès que les deux clowns se furent éloignés, nous sortîmes de l'eau. Nous puions autant que des rats d'égout… mais, au moins, nous étions vivants !

’TITS CLOWNS PITCHOUNS

Farfouin cria :

– *’Tits* clowns pitchouns, on va vous montrer de quel bois on se chauffe !

Je réfléchissais : comment circuler sans être reconnu ? J’eus une idée :

– Mettons les masques de clown, comme ça, personne ne nous reconnaîtra !

Et je pris les masques que j’avais dans la poche : ils allaient nous être utiles !

Nous nous dirigeâmes vers le centre-ville, en nous mêlant aux milliers de clowns qui sillonnaient les rues à bord de camionnettes en transportant des marchandises, des bijoux, des sacs de billets.

J’avais le cœur serré en voyant notre belle ville dévastée par ces vandales.

– Regarde ici, la banque de Sourisia. Ils ont forcé les coffres-forts…

– Ils ont également dévalisé la bijouterie de la place de la Pierre-qui-Chante et le magasin d'ordinateurs de la rue Cancoillotte.

– Et ils ont volé tous les tableaux du musée national, même *Mona Sourisa* !

Puis j'eus un coup au cœur.

– Et… ils sont en train de cambrioler les bureaux de *l'Écho du rongeur* ! Nous devons trouver Paillasse et l'arrêter avant qu'ils ne causent d'autres dégâts !

Pendant que nous nous dirigions vers la tour, Farfouin me raconta ce qu'il avait découvert sur cet étrange malfaiteur…

Paillasse

Qui est-ce: un clown maléfique.

Ce qu'il fait: il commande une armée de petits clowns avec lesquels il veut piller l'île des Souris.

Son rêve: devenir très riche.

Signes particuliers: il vit dans une très haute tour en forme de clown.

Sa manie: il passe ses journées à regarder les films de Charlot et de Laurel et Hardy!

Son secret: il raffole de la soupe de citrouille.

Son point fort: il connaît toutes les blagues du monde et il est très fort pour faire rire. Il sait parler en vers.

Son point faible: il est très sentimental et ne résiste pas à une histoire triste.

GARDE LES PATTES SUR LE VOLANT !

Au pied de la tour, je vis une longue file de camionnettes qui entraient et sortaient.

Il était impossible de s'approcher sans qu'on nous remarque. Farfouin se souvint :

– Piquer le *'tit* hélico de Paillasse a été un jeu d'enfant ! Il était surveillé par Badaboule et Crokignou, les deux *cornichouins* les plus *cornichousses* qu'on puisse imaginer. *Par mille bananettes*, allons voir s'il n'y a pas un autre *aéroplanouille* à *friponoufler*... Moi, il me suffit qu'il ait des *ailettes*, et zou, *vroummm*, on décolle !

Puis, voyant un engin ailé, il chicota :

– Eh, mais c'est un deltaplane à moteur ! Et qui c'est qui monte la garde ? Badaboule et Crokignou !

Nous nous approchâmes sur la pointe des pattes. Les deux gardes bâillèrent.

– Badaboule, tu as vu comme le chef était en colère quand on nous a volé l'hélicoptère ?

– Ouais, Crokignou !

– Qu'est-ce que tu en penses, Badaboule, est-ce que ce serait vraiment mal si on fermait les yeux et qu'on piquait un petit roupillon de cinq minutes ?

– Oh non, Crokignou, certainement pas…

Ronf… ronf… ronf…

Dès qu'ils se furent endormis, Farfouin démarra le deltaplane en hurlant :

– Ça décoiiiiffe !

À l'idée de voler encore avec lui, je frissonnai.

– M-mais tu sais piloter ça ?

– *Hi, hi, hi,* je sais tout piloter (ou presque tout) !

Il sortit une banane de sa poche.

– J'ai bien mérité un *'tit* goûter !

Le deltaplane effleura dangereusement le toit d'un magasin, puis commença à voleter de-ci de-là, *comme une caille percluse de rhumatismes.*

– Garde les pattes sur le volant, je t'en supplie !

Il me corrigea, en grignotant sa banane :

– Cela ne s'appelle pas un *volant*, mais un *trapèze.*

Je criai, terrifié :

– Garde les pattes sur le *trapèze*, quel que soit le nom de ce truc ! J'ai peuuuuuuuur ! Et j'ai le vertige !

– Vraiment ?

Il essuya ses moustaches sur la manche de son imperméable.

– Mes moustaches vont **blanchir** d'un coup avec toutes ces émotions ! hurlai-je, terrorisé.

LA TOUR DU CLOWN !

Enfin, dans le lointain, nous entrevîmes… **LA TOUR DU CLOWN !!!**

La toile qui la recouvrait avait disparu et je m'aperçus que la tour était… une immense statue en forme de clown !

La fleur sur son chapeau pivotait à intervalles réguliers : en réalité, c'était un **radar** !

Profitant du moment où celui-ci était orienté de l'autre côté, nous nous posâmes sur le chapeau du clown.

Farfouin fit un atterrissage **ÉPOUSTOUFLANT** : le deltaplane s'arrêta *juste juste juste juste juste juste juste* au bord !

Prêt à l'atterrissage !

Lorsque je descendis, j'avais les moustaches qui tremblaient de frousse. Farfouin, lui, sauta en grignotant une banane.

Il jeta la peau par terre, mais je la ramassai et la glissai dans ma poche, pour ne pas laisser de traces… et surtout parce que l'on ne doit jamais rien jeter par terre !

Je lui demandai :

– Tu ne pourrais pas arrêter de manger ?

– Quand je suis nerveux, j'ai faim !

Pendant qu'il continuait de manger et moi de ramasser les peaux de banane…

… nous nous laissâmes glisser le long des cheveux de la statue

Nous atteignîmes l'oreille et découvrîmes une petite porte.

Nous l'ouvrîmes.

Nous entrâmes.

Nous descendîmes des escaliers.

Brrr, quelle frousse !

TOUR DU CLOWN

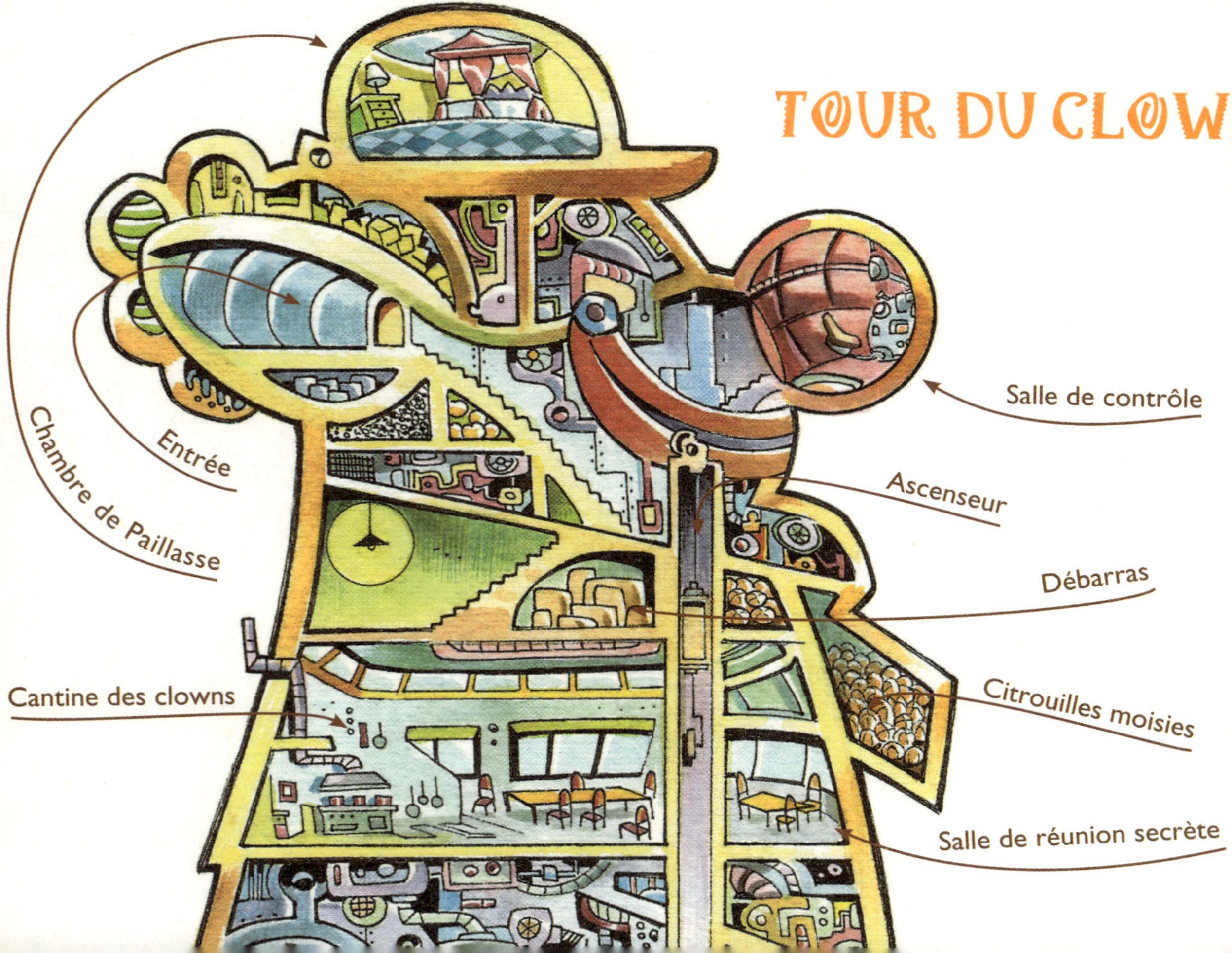

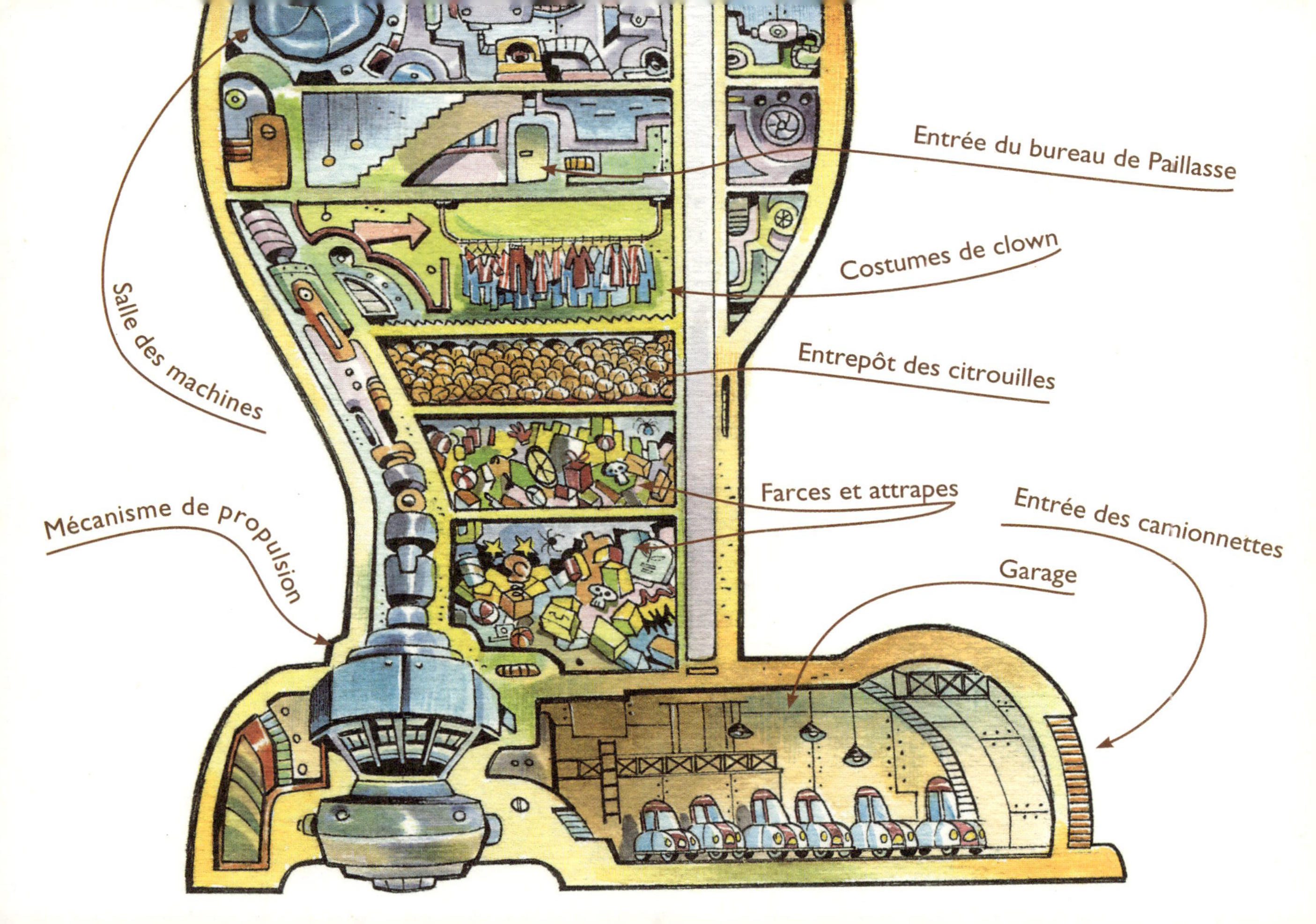
Entrée du bureau de Paillasse
Costumes de clown
Entrepôt des citrouilles
Farces et attrapes
Entrée des camionnettes
Garage
Salle des machines
Mécanisme de propulsion

113

Cent treizième étage !

Nous nous retrouvâmes devant un ascenseur.

Sur le mur étaient accrochés un plan de la tour et un panneau :

VOUS VOUS TROUVEZ AU 113e ÉTAGE !

Les portes de l'ascenseur s'ouvrirent en bourdonnant. *Bzzzzzzzzzz…*

Nous entrâmes précautionneusement.

Farfouin avisa un bouton sur lequel il était écrit :

100e ÉTAGE : BUREAU DE PAILLASSE !

Je criai :

– Arrête !

… mais il était trop tard : il avait déjà appuyé dessus.

L'ascenseur descendit comme une fusée ! Il me sembla que mes amygdales rebondissaient sur ma langue ! Les portes s'ouvrirent…

Nous étions face au bureau de Paillasse.

UN BONBON OU UN SORT ?

Le bureau de Paillasse était… un cirque !

Nous nous trouvions sur une immense scène circulaire, entourée de très hauts gradins !

Tout était couleur orange !

Et devant nous, nous le découvrîmes, lui…

… PAILLASSE !

Il portait des gants blancs, une perruque jaune et un chapeau melon rouge.

Il avait un pantalon bouffant BLEU, un gilet à rayures rouges et une chemise au col démesuré.

Sa cravate était jaune à pois violets. Il arborait de très grandes chaussures noires et brillantes.

J'écarquillai les yeux : que faisait Paillasse ?

Il était en train de découper une citrouille !

Quand il eut terminé, il la contempla, satisfait.

Il chantonna d'une voix suraiguë :

– C'EST BON DE CHAPARDER
POUR HALLOWEEN FÊTER !
UN BONBON OU UN SORT ?
J'AI DES IDÉES EN OR !

Il poursuivit :

– J'AI UNE CHANCE DE LION...
JE SUIS RICHE À MILLIONS !

Pensif, Farfouin prit une banane et commença à la grignoter, mais il avala un morceau de travers et toussa.

Paillasse cria :

– QUI EST LÀ ?! MONTRE-TOI
SI TU ENTENDS MA VOIX !

Nous nous avançâmes, craintifs, le masque dissimulant notre visage. Il nous fixa d'un air méfiant, observant nos vêtements. Il demanda :

– L'UNIFORME POINT NE PORTEZ ?
VOUS AVEZ UN TRUC À CACHER ?

Farfouin profita de ce que nos habits sentaient mauvais et répliqua du tac au tac :

– Chef, nous avons apporté nos uniformes à la laverie !

Paillasse se boucha le nez.

– VOUS DEVRIEZ AUSSI Y ALLER,
CAR PLUS QUE LES ÉGOUTS VOUS COCOTEZ !

Il examina mes vêtements d'un air songeur…

– HUM, TEL STILTON TU ES VÊTU,
CE RONGEUR MALIN ET TÊTU,
LUI SEUL A REFUSÉ D'ENTRER,
À LA FÊTE QUE J'ORGANISAIS…

Puis il regarda Farfouin…

– HUM, EN JAUNE TU ES HABILLÉ,
COMME FARFOUIN, CET ÉCERVELÉ...

Puis, pensif, il déclara :

– OH, SI J'ATTRAPE CE FARFOUIN,
JE LUI HACHE MENU LE GROIN !
COMMENT OSA-T-IL ME DÉFIER
ET MON HÉLICO DÉROBER ?

Farfouin ne résista pas davantage et arracha son masque.

– Mais tu te prends pour qui ? Tu me fais bidonner, avec ta *'tite* perruque et ta *'tite* cravate à pois. Ton *'tit* hélico, ça m'a bien fait rire de te le piquer.

Et le groin, c'est moi qui vais te le hacher menu, compris ?

Paillasse agita son poing ganté.

Je m'aperçus que quand il était en colère il avait le nez qui clignotait.

– VOUS ALLEZ LE REGRETTER… REPARTIR VOUS NE POURREZ !

LE PREMIER DE NOUS DEUX QUI RIRA AURA UNE TAPETTE !

C'est alors que Paillasse nous lança un drôle de défi :

– À MON SPECTACLE VOUS ASSISTEREZ...
JE GAGNERAI SI VOUS RIEZ !
MAIS SI JE NE VOUS VOIS PAS RICANER...
JE PROMETS DE VOUS RELÂCHER !

Je jetai un regard d'avertissement à Farfouin, qui murmura :

– Stilton*itou*, je serai sérieux *comme une momie qui a mal au ventre !*

D'un air vaniteux, Paillasse attacha une fleur à son chapeau, puis sauta à bord d'une drôle de voiture, toute cabossée et grinçante.

Il appuya sur le klaxon, mais un jet d'eau lui éclaboussa comiquement le museau.

Il fit semblant de trébucher et se retrouva le museau par terre : c'était très amusant… mais je réussis à ne pas rire.

Les lumières s'éteignirent et il sortit de son chapeau une tête de mort phosphorescente qui brilla dans le noir.

SURPRIIIIIIIIIIIIIIIIIIIIIIIIIISE!

Je chuchotai à Scouit :
– Je dois reconnaître qu'il est vraiment très fort.
Paillasse fit mille grimaces exagérées.

Il s'assit sur un coussin qui émit un bruit désopilant.

Il lança un pétard au piment qui me fit éternuer.

Puis il lança une boule puante, et je vous garantis qu'elle était *vraiment* puante !
Paillasse s'approcha ensuite de moi… et fit jaillir de sa pochette une énorme araignée velue.
Je poussai un cri d'effroi.

Il s'empara alors d'un énorme marteau de caoutchouc mou et en donna un coup sur la tête de mon ami. Farfouin éclata d'un rire tonitruant :

– Ho, ho, hooo ! Trop drôle !

J'essayai de résister. Je me mordis les lèvres, puis je me mis à pouffer et finalement me bidonnai en me roulant par terre. Paillasse courut tout autour de la scène en riant, triomphant.

LE PREMIER DE NOUS DEUX QUI PLEURERA AURA UNE TAPETTE !

Farfouin s’exclama :

– Paillasse, je te propose une contre-épreuve : si je réussis à te faire pleurer… c’est moi qui aurai gagné !

Paillasse hésita.

Farfouin ajouta :

– Mais si tu as peur…

Paillasse hurla :

– J’ACCEPTE TON DÉFI… MOI, AVOIR PEUR ? CE N’EST PAS DIT !

Farfouin commença à raconter :

– IL ÉTAIT UNE FOIS UNE *’TITE ’TITE ’TITE* FRAISE DANS UN *GRAND GRAND GRAND* BOIS. LA *’TITE ’TITE ’TITE* FRAISE ÉTAIT TOUTE *’TITE ’TITE ’TITE* ET *TOUTE TOUTE*

toute timide et *toute toute toute* parfumée et elle se cachait toujours sous les *'tites 'tites 'tites* feuilles. Un *'tit 'tit 'tit* matin passa par là un *grand grand grand* loup *très très très* méchant qui dit : « Oh, quelle toute *'tite 'tite 'tite* fraise ! Savoir si elle est *très très très* sucrée ?… Je crois que je vais me la manger pour le goûter ! » Et il n'en fit qu'une bouchée : « Miam ! » Pauvre *'tite 'tite 'tite* fraise… Fin de cette *'tite 'tite 'tite* histoire vraiment *très très très* triste !

Paillasse essaya de se retenir, mais de grosses larmes coulèrent bientôt sur ses joues. Il sortit un grand mouchoir à pois rouges de sa poche.

– PAUVRE PETITE FRAISE !

Farfouin me donna un coup de coude.

– C'est l'histoire préférée de ma *'tite* mamie. Elle pleure chaque fois que je la lui raconte !

Paillasse s'essuya une larme et nous dit à contrecœur :

– Vous avez gagné. Que voulez-vous ?

– Nous voulons connaître la combinaison pour ouvrir le cadenas du Parc des mystères !

Il grimaça, puis nous révéla de mauvais gré :

– LA COMBINAISON EST… HALLOWEEN !

Nous pouvions aller libérer nos amis ! Mais Paillasse se précipita dans une petite pièce ronde, dont les murs étaient en plastique rouge transparent et qui était bourrée d'instruments de contrôle. C'était le nez de la tour du clown ! Sur le sol, je remarquai deux fenêtres de Plexiglas transparent : les narines.

Il hurla :

– CE QUE JE VOUS AI DIT NE VOUS SERVIRA PAS, CAR AUCUN DE VOUS DEUX D'ICI NE SORTIRA ! OUI, C'EST VRAI, J'AVAIS PROMIS DE VOUS LIBÉRER… MAIS JE NE VOUS LAISSERAI PAS VOUS EN ALLER !

EH BIEN… CIAO CIAO CIAO !

J'entendis un grondement de moteur.

La tour-clown vibra, puis écarta les bras et commença à se soulever lentement, prête à s'envoler.

Paillasse murmura :

– JE SUIS FATIGUÉ D'ÊTRE SEUL…
JE VOUDRAIS AVOIR DES AMIS
QUI ME TIENDRAIENT COMPAGNIE.

Puis il hurla à tue-tête :

– VOUS ALLEZ VENIR AVEC MOI,
ET VOUS RESTEREZ TOUJOURS LÀ :
C'EST SUR VOUS QUE JE TESTERAI
LES FARCES QUE J'INVENTERAI !

EH BIEN…  CIAO CIAO CIAO !

– Nous ne voulons pas venir avec toi, lui dis-je. Tu ne peux pas te faire des amis par la force, tu dois les gagner par ta sincérité et ton affection !

Fâché, Paillasse pressa un bouton et les deux plaques de Plexiglas sur lesquelles nous nous tenions, Farfouin et moi, s'ouvrirent.

– TANT PIS POUR VOUS !

Nous tombâmes dans le vide.

Mais Farfouin poussa son cri de guerre :

– Farfofarfofarfofarfofarfouinscouit !

Au-dessus de nous s'ouvrit un parachute jaune qu'il avait dissimulé sous son imperméable. Il cria, satisfait :

– Ma *'tite* mamie me le dit toujours quand je sors le matin : « N'oublie pas ton parachute, on ne sait jamais… »

Il m'agrippa fermement par la queue et me balança d'avant en arrière. Je hurlai, hystérique :

– Ne me balance pas, je t'en prie ! J'ai le vertige !

– Oh, vraiment, Stilton*itou* ? Tu verras, à la fin de cette *'tite* aventure, tu n'auras plus jamais le vertige ! Il suffit de faire beaucoup beaucouup beaucouuup d'exercice ! *D'avant... en arrière... d'avant... en arrière... d'avant... en arrière...*

Je vous attends tous à la maison…

Le soleil se levait sur la ville des Souris.

Incroyable, tout cela s'était passé en une seule nuit… la nuit de HALLOWEEN !

Nous nous précipitâmes au Parc des mystères et composâmes, sur le cadenas en forme de citrouille, le mot HALLOWEEN.

Les grilles s'ouvrirent… et nos amis se pressèrent autour de nous.

C'est alors que Benjamin soupira, mais si doucement que personne ne l'entendit en dehors de moi :

– Dommage, cette année, on n'aura pas fêté Halloween…

Je souris.

– Qui a dit qu'on ne le fêterait pas ? Je vous attends tous chez moi demain soir !

COMME DIT TOUJOURS MA *'TITE* MAMIE...

Je travaillai frénétiquement, et le lendemain soir tout était prêt.

Pendant que nous attendions les invités, je dis à Benjamin :

– Dommage que Paillasse ait réussi à s'échapper... Mais il a déjà reçu sa punition : il est tout seul ! Je

me dis que nous avons bien de la chance, nous, d'être entourés par l'affection de tous nos amis… Cette aventure nous a appris un secret important : on n'a pas besoin de jouets coûteux pour être heureux, il suffit d'un peu de fantaisie pour s'amuser !

Benjamin me serra dans ses bras.

– Tu as raison, oncle Geronimo !

Un par un commencèrent à arriver toutes sortes de monstres.

C'étaient des déguisements faits maison, mais très amusants ! Soudain, je vis un museau familier : **Farfouin Scouit !**

– Pourquoi ne t'es-tu pas déguisé ? lui demandai-je.
Il se pavana dans son éternel **IMPERMÉABLE** jaune.
– Mais je *suis* déguisé ! *Je suis déguisé en Farfouin Scouit !*
Tandis que je circulais au milieu des invités, offrant des boissons et des amuse-gueules, il bavardait à tort et à travers :
– Ah, quelle aventure périlleuse ! Nous aurions dû nous souvenir de ce que dit toujours ma *'tite* mamie : **« Ne jamais accepter l'invitation d'un inconnu. »** À propos, Mamie dit aussi : **« Ne fais jamais confiance à un inconnu qui t'offre quelque chose gratuitement : tôt ou tard, il te présentera l'addition ! »**
– Je suis bien d'accord avec ta grand-mère, approuvai-je. J'espère que tu me la présenteras bientôt.
Il donna un petit bisou à la photo qu'il gardait dans son portefeuille.
– Ah, quelle *mamie*, ma *mamie* ! Bien sûr, je te

la présenterai, Stilton*itou*, un *'tit* peu de patience, je lui ai dit que tu étais un *'tit* nigaud, mais bien sympa quand même… Au fait, où est ta sœur Téa ? Tu sais qu'*elle* est toujours *mon* genre ?

– Dommage que *toi*, tu ne sois pas *son* genre.

– Je suis sûr que si tu lui parlais…

– Je n'y peux rien si tu ne lui plais pas.

– À mon avis, tout ça, c'est ta faute ! Il faudrait que tu lui dises que je suis un *'tit* mignon, un *'tit* intelligent, un *'tit* spirituel…

Je soupirai.

– Tu parles d'un ami ! s'exclama-t-il. Quelqu'un qui n'essaie même pas de t'aider ! Tu es un *'tit* méchant, na !

– C'est vrai, nous sommes amis.

Pour t'aider, je vais organiser un dîner demain soir avec Téa, proposai-je.

Il brailla, heureux :

– Merci, Stilton*itou*, comment te remercier ?

Il se donna une tape sur le front.

– J'ai une *'tite* idée ! Je vais te présenter ma *'tite* cousine Scoutiratone.

– Euh, merci, c'est gentil. C'est quel genre ?

Scoutiratone Scouit

J'AI RENDEZ-VOUS CHEZ LE DENTISTE…

Mais il était déjà en train de hurler dans son *'tit* téléphone :

– Allô ? Scoutiratone ? Que fais-tu ? De l'**HALTÉROPHILIE** ? Ah, tu t'entraînes pour les championnats nationaux des **superlourds** ? Tu es libre demain soir ou tu dois sortir avec ton *'tit* fiancé ? Ah, tu lui as cassé un *'tit* bras en jouant au bras de fer ? Mais alors tu es libre ! Bienbienbien, je te propose un *'tit* dîner romantique… Téa et moi… toi et mon ami Stilton*itou*… tu vas voir, *'tite* cousine, il te plaira, à mon avis, *lui*, il est *ton* genre… et *toi*, tu es le *sien*, je suis sûr qu'il va tomber sous le **Charme** de tes **180** kilos de **SUPERMUSCLES**, mais ne le déchire pas

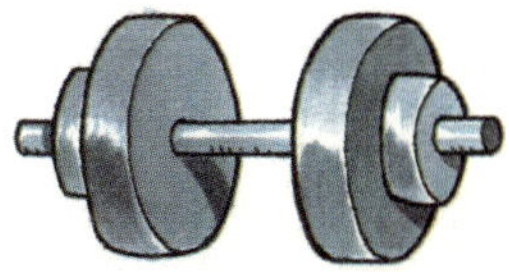

Lancer de disque !
Championnats de rugby !
Haltérophilie !
Judo !

comme tes autres fiancés, lui, c'est un *'tit* rongeur intellectuel… ne va pas me le casser, hein ? C'est mon meilleur ami ! À demain, Scoutiratone, *bisou bisou bisou !*

J'essayai de me dérober :

– J'ai l'impression que ta cousine n'est pas mon genre et je me souviens que j'ai rendez-vous chez le dentiste…

Farfouin me donna une tape sur l'épaule.

– Ne fais pas le timide. Tu verras, ma *'tite* cousine, c'est un gentil *'tit* bout. Elle a un succès incroyable avec ses fiancés : *ils tombent tous à ses pieds* (surtout quand *elle leur fait un croche-patte*, ha, ha, haaa !).

Il s'extasia :

– J'y pense : si *moi* j'épouse *ta* sœur… et que *toi* tu épouses *ma* cousine… nous serons parents ! Ça te plairait, hein, Stilton*itou* ?

Les jours passèrent… Beaucouuup de jours… Voulez-vous savoir comment cela se termina ?

La cousine de Farfouin Scouit et moi, nous ne nous sommes *pas* mariés. Mais elle est devenue une de mes meilleures amies.

Mais c'est une autre histoire, une histoire que je vous raconterai un jour ou l'autre...

Parole de Stilton, *Geronimo Stilton* !

UNE ASSOURISSANTE FÊTE DE...

HALLOWEEN

Attention: avant de commencer à préparer ta fête, demande l'aide et les conseils d'un adulte. N'oublie pas, les ciseaux et couteaux sont dangereux!

Les têtes effrayaaaantes !

1. Plie en éventail des bandes de papier blanc, noir ou encore orange.

2. Sur la page du dessus, dessine un fantôme (A), une chauve-souris (B) ou une citrouille (C).

A

B

C

3. Avec des ciseaux à bouts ronds, découpe le dessin en suivant le contour.

Puis déplie le feston et dessine sur chaque page, au feutre noir, des expressions effrayantes !

Le petit fantôme qui fait peur !

1. Prends un ballon, gonfle-le et ferme-le avec une longue ficelle.

2. Au centre d'un chiffon blanc, assez grand pour recouvrir tout le ballon, fais un trou. (Attention, pour faire le trou, utilise des ciseaux à bouts ronds !)

3. Fais passer le fil du ballon à travers le trou.

4. Avec un feutre noir, dessine les yeux et la bouche du petit fantôme.

Puis accroche-le comme décoration !

La chauve-souris rond de serviette !

1. Sur une feuille de bristol noir, dessine la chauve-souris ci-contre.

2. Découpe-la en suivant le contour (attention, utilise des ciseaux à bouts ronds). Découpe une fente pour faire la bouche.

3. Enroule la chauve-souris autour d'une serviette et glisse sa longue queue dans la fente de la bouche.

L'araignée marque-place !

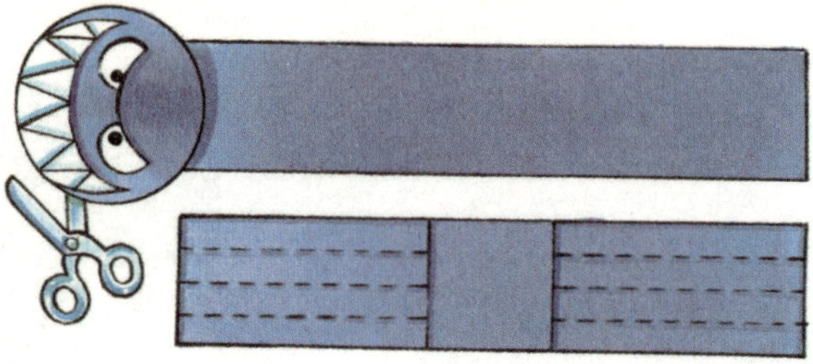

1. Recopie le dessin ci-dessus sur un bristol noir et découpe-le avec des ciseaux à bouts ronds en suivant les bords et les lignes pointillées.

2. Colle le corps aux pattes.

3. Enroule le corps en le fixant sous la tête.

4. Pour donner un aspect plus réaliste, fais deux plis sur chaque patte.

Les pailles terribles !

1. Dessine, colorie et découpe dans du bristol (en utilisant des ciseaux à bouts ronds) des dessins effrayants… comme des chats noirs, des chauves souris, des têtes de mort, des araignées !

2. Avec un petit morceau de ruban adhésif collé au verso, attache chaque dessin sur une paille !

Les bouteilles ailées !

1. Dessine des ailes sur du bristol noir, découpe-les avec des ciseaux à bouts ronds et, avec du ruban adhésif, fixes-en deux sur les flancs d'une bouteille.

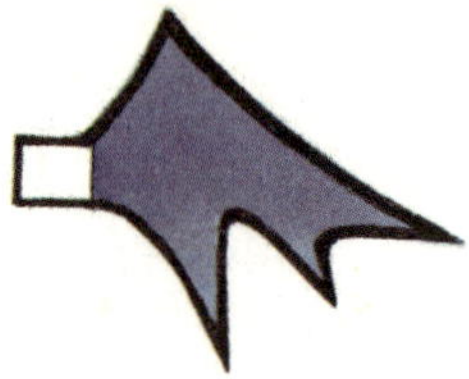

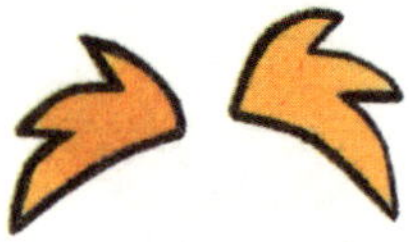

2. Dessine des touffes de sourcils, découpe-les et colle-les sur la bouteille.

3. Dessine deux cercles, découpe-les, colorie-les en jaune et transforme-les en yeux en dessinant des pupilles avec un feutre noir ; colle-les sur la bouteille en dessous des sourcils.

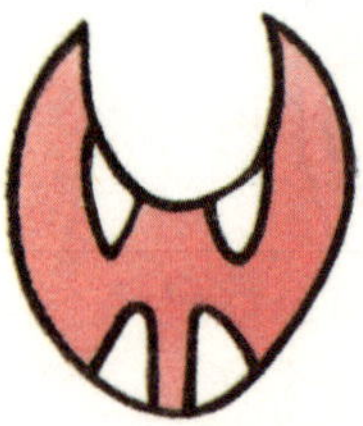

4. Dessine une bouche avec quatre dents, découpe-la et colle-la sur la bouteille.

Mixtures et potions !

Mixture du vampire : dans un pichet, mélange du jus d'orange sanguine et du jus de myrtille !

Potion à l'herbe des sorcières : mélange de l'eau et du sirop de menthe ! Ajoutes-y quelques feuilles de menthe ou de basilic.

Jus de fourmis noires centrifugées : remplis un pichet d'eau additionnée de jus de tamarin.

Prépare une étiquette avec le nom de chaque boisson : ce sera plus impressionnant !

La pizza monstrueuse !

Ingrédients : de la pâte à pizza, de la sauce tomate, un œuf dur, du fromage, des rondelles de saucisse, un radis, deux olives noires, du maïs en boîte.

1. Étale la pâte à l'aide d'un rouleau et place-la sur une plaque allant au four.

2. Répartis la sauce tomate sur la surface, puis place deux demi-rondelles d'œuf dur pour faire les yeux, avec une olive au centre, puis deux lichettes de fromage au-dessus pour les sourcils.

3. Dispose le radis pour le nez, des grains de maïs pour les dents et quatre pointes de fromage pour la bouche.

4. Éparpille des rondelles de saucisses sur le visage, en intercalant çà et là des petits morceaux de fromage.

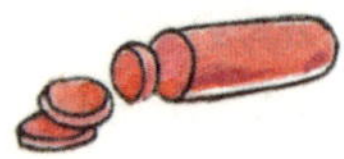

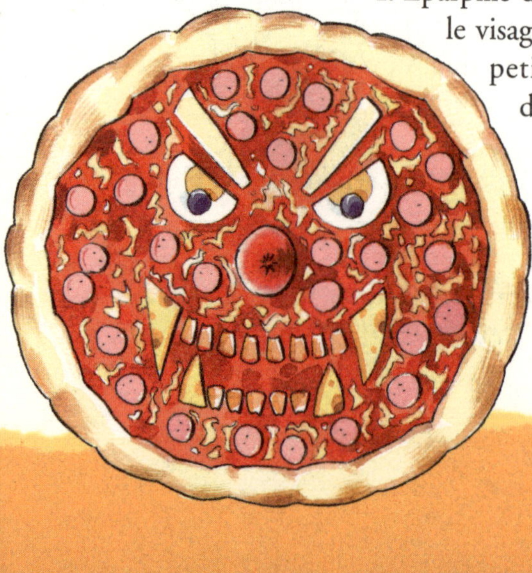

5. Demande à un adulte d'allumer le four à 200 °C et fais cuire la pizza pendant 25 minutes.

Les sandwichs extravagants !

PIEDS À LA SAUCE DE CAFARD

1. Avec l'aide d'un adulte, découpe dans des tranches de pain de mie la forme d'un pied.

2. Tartine les tranches de pâte d'olives noires, et place entre les doigts des câpres et des petits morceaux d'olive.

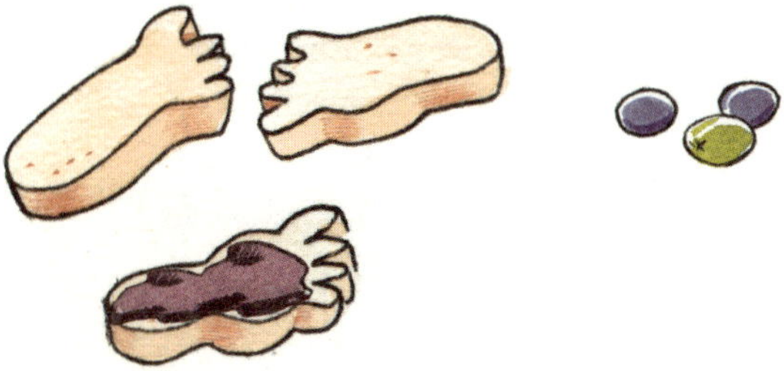

DENTIER DE MOMIE

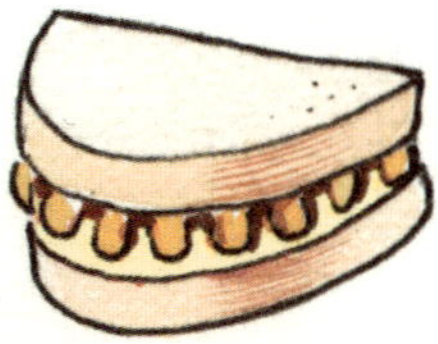

1. Avec l'aide d'un adulte, découpe des tranches de pain de mie en demi-cercle.

2. Tartine une tranche de mayonnaise et répartis sur le bord des pistaches ou des grains de maïs.

3. Recouvre avec une autre tranche de pain de mie.

Le tunnel de la peur

1. Pose un grand carton par terre et décore les parois extérieures avec des dessins d'horreur : fantômes, chauves-souris, araignées…

2. À l'intérieur, place des serpents, des araignées et des scorpions en plastique.

3. Les invités doivent traverser le carton chacun à leur tour, les yeux bandés de préférence.

La boîte à surprise

1. Prends un carton, remplis-le de petits jouets monstrueux (araignées, vers, cafards, fourmis en plastique), de bandelettes de papier coloré, et glisses-y une bague… fausse !

2. Ferme le carton, mais ménage un trou au centre (comme dans le dessin).

3. Désigne le courageux qui devra plonger la main dans la boîte et essayer de retrouver la bague.

... et maintenant, amuse-toi bien !

Table des matières

Geronimo Stilton

DANS LA MÊME COLLECTION

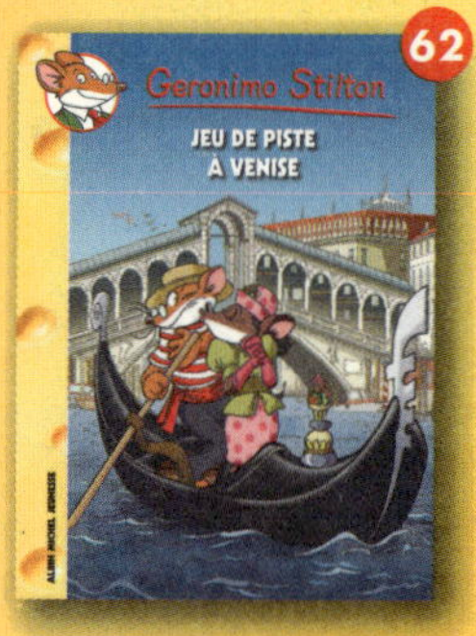

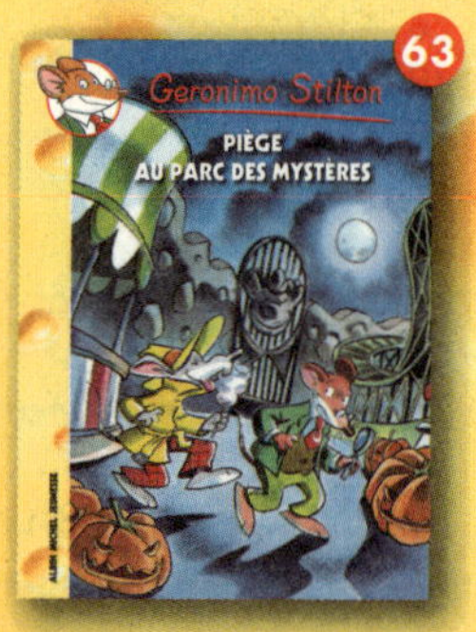

21. Un camping-car jaune fromage
22. Le Château de Moustimiaou
23. Le Bal des Ténébrax
24. Le Marathon du siècle
25. Le Temple du Rubis de feu
26. Le Championnat du monde de blagues
27. Des vacances de rêve à la pension Bellerate
28. Champion de foot !
29. Le Mystérieux Voleur de fromage
30. Comment devenir une super souris en quatre jours et demi
31. Un vrai gentilrat ne pue pas !
32. Quatre Souris au Far West
33. Ouille, ouille, ouille... quelle trouille !
34. Le karaté, c'est pas pour les ratés !
35. L'Île au trésor fantôme
36. Attention les moustaches... Sourigon arrive !
37. Au secours, Patty Spring débarque !
38. La Vallée des squelettes géants
39. Opération sauvetage
40. Retour à Castel Radin
41. Enquête dans les égouts puants
42. Mot de passe : Tiramisu
43. Dur dur d'être une super souris !
44. Le Secret de la momie
45. Qui a volé le diamant géant ?
46. À l'école du fromage
47. Un Noël assourissant !
48. Le Kilimandjaro, c'est pas pour les zéros !
49. Panique au Grand Hôtel
50. Bizarres, bizarres, ces fromages !
51. Neige en juillet, moustaches gelées !
52. Camping aux chutes du Niagara
53. Agent secret Zéro Zéro K
54. Le Secret du lac disparu
55. Kidnapping chez les Ténébrax !
56. Gare au calamar !
57. Le vélo, c'est pas pour les ramollos !
58. Expédition dans les collines Noires
59. Bienvenue chez les Ténébrax !
60. La Nouvelle Star de Sourisia

61. Une pêche extraordinaire!
62. Jeu de piste à Venise
63. Piège au parc des mystères

Et aussi...

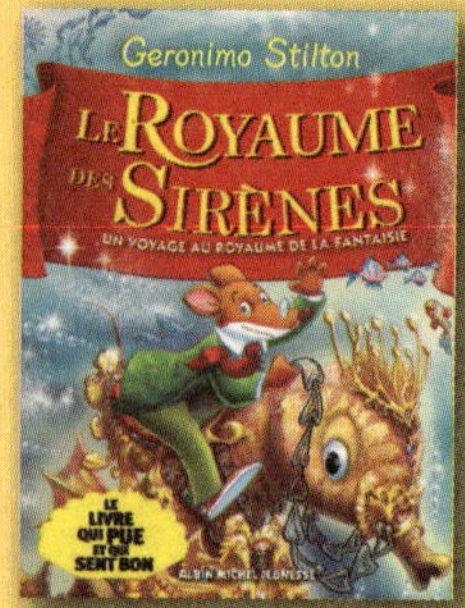

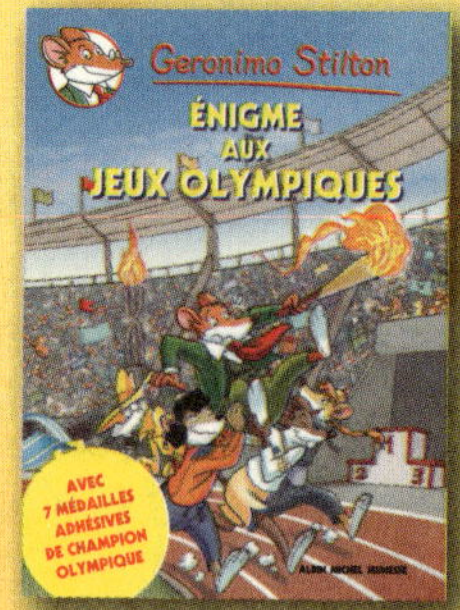

Le Voyage dans le temps (tome I)
Le Voyage dans le temps (tome II)
Le Voyage dans le temps (tome III)
Le Royaume de la Fantaisie
Le Royaume du Bonheur
Le Royaume de la Magie
Le Royaume des Dragons
Le Royaume des Elfes
Le Royaume des Sirènes
Le Secret du courage
Énigme aux jeux Olympiques

1. Entrée
2. Imprimerie
   (où l'on imprime les livres et le journal)
3. Administration
4. Rédaction (où travaillent les rédacteurs, les maquettistes et les illustrateurs)
5. Bureau de Geronimo Stilton
6. Piste d'atterrissage pour hélicoptère

1
2
3
4
5
6
7
8
9
10
11
12
13
14
15
16
17
18
19
20
21
22
23
24
25
26
27
28
29
30
31
32
33
34
35
36
37
38
39
40
41
42
43
44
45
46
Fleuve Souris
Plage

Sourisia, la ville des Souris

1. Zone industrielle de Sourisia
2. Usine de fromages
3. Aéroport
4. Télévision et radio
5. Marché aux fromages
6. Marché aux poissons
7. Hôtel de ville
8. Château de Snobinailles
9. Sept collines de Sourisia
10. Gare
11. Centre commercial
12. Cinéma
13. Gymnase
14. Salle de concerts
15. Place de la Pierre-qui-Chante
16. Théâtre Tortillon
17. Grand Hôtel
18. Hôpital
19. Jardin botanique
20. Bazar des Puces-qui-boitent
21. Maison de tante Toupie et de Benjamin
22. Musée d'Art moderne
23. Université et bibliothèque
24. La Gazette du rat
25. L'Écho du rongeur
26. Maison de Traquenard
27. Quartier de la mode
28. Restaurant du Fromage d'or
29. Centre pour la Protection de la mer et de l'environnement
30. Capitainerie du port
31. Stade
32. Terrain de golf
33. Piscine
34. Tennis
35. Parc d'attractions
36. Maison de Geronimo Stilton
37. Quartier des antiquaires
38. Librairie
39. Chantiers navals
40. Maison de Téa
41. Port
42. Phare
43. Statue de la Liberté
44. Bureau de Farfouin Scouit
45. Maison de Patty Spring
46. Maison de grand-père Honoré

Île Corsaire
Vers le détroit du Rapt-à-Rat
Ici passent les baleines
Île Tortue
chats pirates
Golfe de la Dent cariée
Archipel d'Égout putride
Atoll des îles Bienheureuses
Baie des Dauphins
Barrière de corail
Port-Relent
Vers l'océan Ratonique méridional
Port-Beurk
Rade du Chat errant
Roquefort
Port-Souris
Vers la mer des Vibrisses vibrants
Ici, requins !
SOURISIA
Port-Croûton
Phare Pelliculeux
Île Épilée
Île des Souris
Épave affleurant
Vers la mer des Sourgasses
1
2
3
4
5
6
7
8
9
10
11
12
13
14
15
16
17
18
19
20
21
22
23
24
25
26
27
28
29
30
31
32
33
34
35
36
37

Île des Souris

1. Grand Lac de glace
2. Pic de la Fourrure gelée
3. Pic du Tienvoiladéglaçons
4. Pic du Chteracontpacequilfaifroid
5. Sourikistan
6. Transourisie
7. Pic du Vampire
8. Volcan Souricifer
9. Lac de Soufre
10. Col du Chat Las
11. Pic du Putois
12. Forêt-Obscure
13. Vallée des Vampires vaniteux
14. Pic du Frisson
15. Col de la Ligne d'Ombre

16. Castel Radin
17. Parc national pour la défense de la nature
18. Las Ratayas Marinas
19. Forêt des Fossiles
20. Lac Lac
21. Lac Lac Lac
22. Lac Laclaclac
23. Roc Beaufort
24. Château de Moustimiaou
25. Vallée des Séquoias géants
26. Fontaine de Fondue
27. Marais sulfureux
28. Geyser
29. Vallée des Rats
30. Vallée Radégoûtante
31. Marais des Moustiques
32. Castel Comté
33. Désert du Souhara
34. Oasis du Chameau crachoteur
35. Pointe Cabochon
36. Jungle-Noire
37. Rio Mosquito

Au revoir, chers amis rongeurs, et à bientôt pour de nouvelles aventures.
Des aventures au poil, parole de Stilton, de…

Geronimo Stilton